Impressum
Verlag: BABADADA GmbH, Nedderfeld 112 , 22529 Hamburg
Geschäftsführer / Verlagsleitung: Harald Hof
Druck: Books on Demand GmbH, In de Tarpen 42, 22848 Norderstedt

Imprint
Publisher: BABADADA GmbH, Nedderfeld 112 , 22529 Hamburg, Germany
Managing Director / Publishing direction: Harald Hof
Print: Books on Demand GmbH, In de Tarpen 42, 22848 Norderstedt, Germany

škola

школа

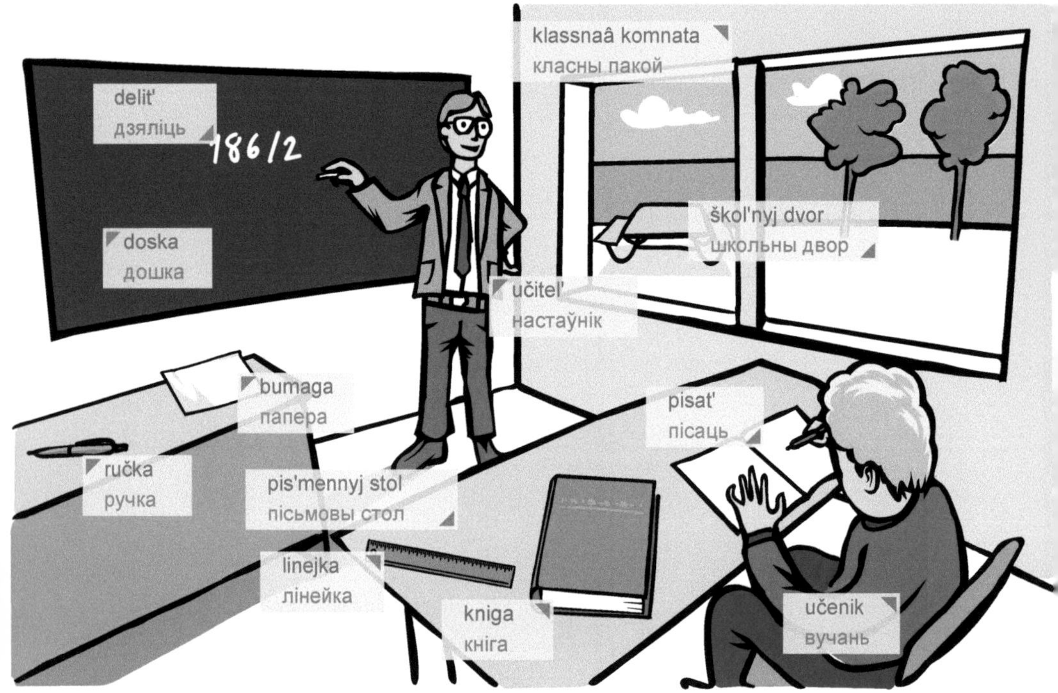

klassnaâ komnata
класны пакой
delit'
дзяліць
186/2
doska
дошка
škol'nyj dvor
школьны двор
učitel'
настаўнік
bumaga
папера
pisat'
пісаць
ručka
ручка
pis'mennyj stol
пісьмовы стол
linejka
лінейка
kniga
кніга
učenik
вучань

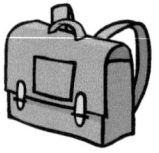

ranec

ранец

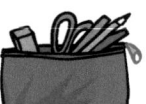

penal

пенал

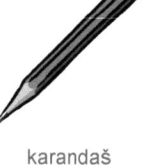

karandaš

просты аловак

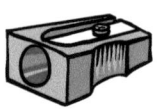

točilka

тачылка для алоўкаў

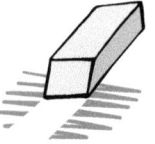

lastik

гумка

al'bom dlâ risovaniâ

альбом для малявання

risunok

малюнак

kistočka

пэндзлік

korobka krasok

фарбы

nožnicy

нажніцы

klej

клей

tetrad'

сшытак

domašnââ rabota

хатняе заданне

cyfra

лік

pribavlât'

дадаваць

vyčitat'

адымаць

umnožat'

множыць

sčitat'

лічыць

bukva

літара

alfavit

алфавіт

slovo

слова

tekst

тэкст

čitať

чытаць

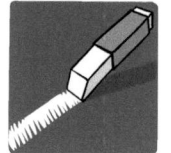

mel

крэйда

urok

ўрок

klassnyj žurnal

класны журнал

èkzamen

экзамен

diplom

атэстат

škol'naâ forma

школьная форма

obrazovanie

адукацыя

èncyklopediâ

энцыклапедыя

universitet

універсітэт

mikroskop

мікраскоп

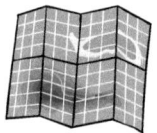

karta

карта

korzina dlâ bumag

смеццевы кошык

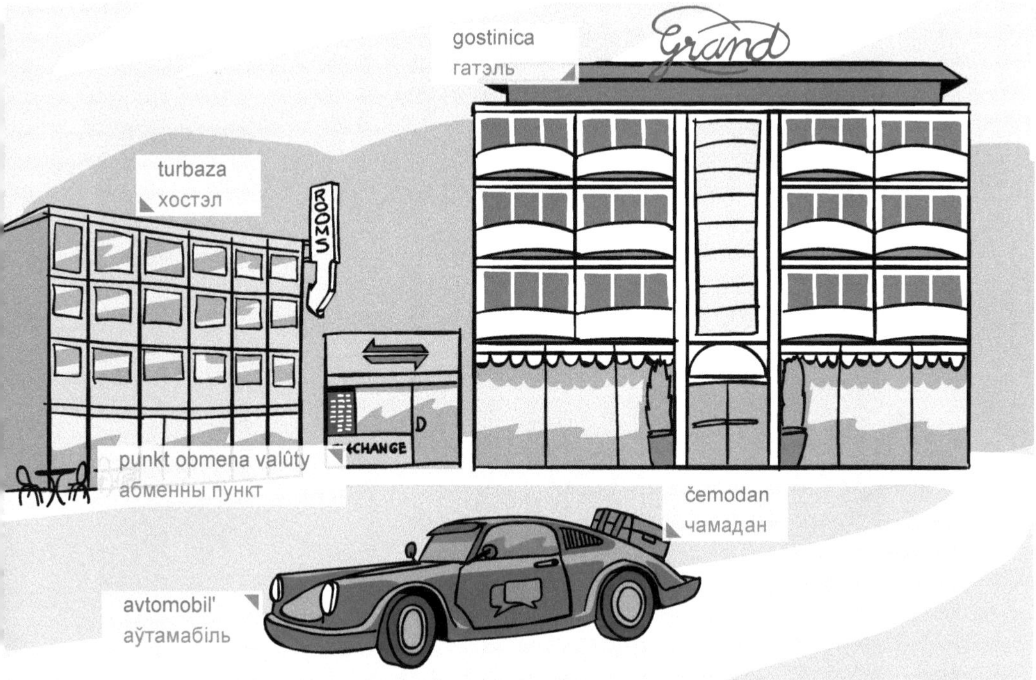

gostinica
гатэль
Grand
turbaza
хостэл
ROOMS
punkt obmena valûty
абменны пункт
EXCHANGE
čemodan
чамадан
avtomobil'
аўтамабіль

âzyk

мова

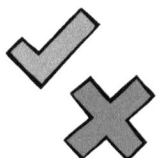

da / net

так / не

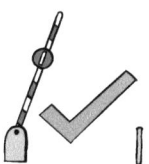

horošo

добра

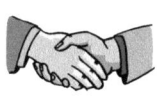

Privet

прывітанне!

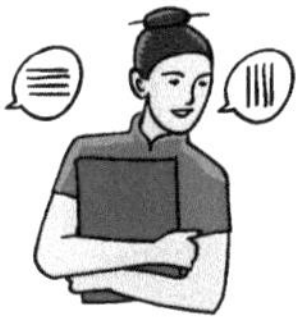

perevodčik

перакладчык

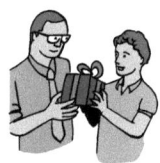

Spasibo

дзякуй

Skol'ko stoit…?

Колькі каштуе….?

Â ne ponimaû

я не разумею

problema

праблема

Dobryj večer!

Добры вечар!

Dobroe utro!

Добрай раніцы!

Dobroj noči!

Дабранач!

Do svidaniâ

да пабачэння

napravlenie

кірунак

bagaž

багаж

sumka

сумка

rûkzak

заплечнік

gost'

госць

komnata

пакой

spal'nyj mešok

спальны мяшок

palatka

палатка

turističeskaâ informacyâ

інфармацыя для турыстаў

plâž

пляж

kreditnaâ kartočka

крэдытная картка

zavtrak

снеданне

obed

абед

užyn

вячэра

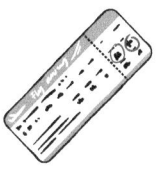

bilet

праязны білет

lift

ліфт

počtovaâ marka

паштовая марка

granica

мяжа

tamožnâ

мытня

posol'stvo

пасольства

viza

віза

pasport

пашпарт

transport

транспарт

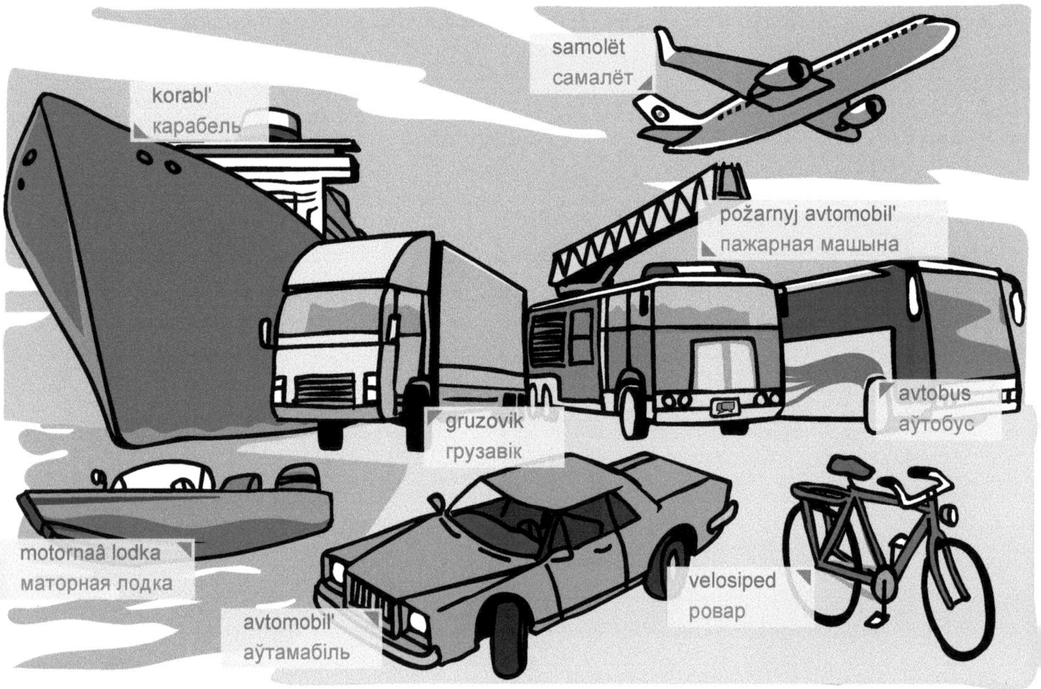
samolët
самалёт
korabl'
карабель
požarnyj avtomobil'
пажарная машына
avtobus
аўтобус
gruzovik
грузавік
motornaâ lodka
маторная лодка
velosiped
ровар
avtomobil'
аўтамабіль

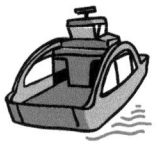

parom
....
паром

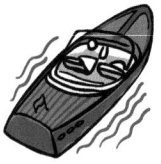

lodka
....
лодка

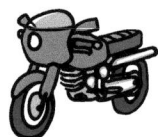

motocykl
....
матацыкл

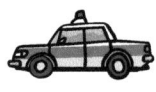

policejskij avtomobil'
....
паліцэйская машына

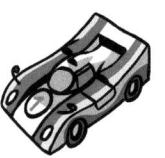

gonočnyj avtomobil'
....
гоначны аўтамабіль

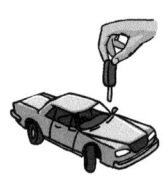

arendovannyj avtomobil'
....
арэндаваны аўтамабіль

sovmestnoe pol'zovanie
avtomobilâmi

сумеснае карыстанне
аўтамабілем

buksirovočnyj avtomobil'

эвакуатар

musorovoz

смеццявоз

dvigatel'

матор

toplivo

паліва

zapravka

заправка

dorožnyj znak

дарожны знак

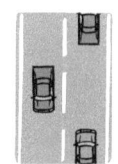

dviženie

дарожны рух

probka

затор

avtostoânka

паркоўка

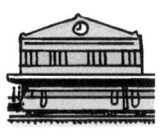

vokzal

чыгуначная станцыя

rel'sy

рэйкі

poezd

цягнік

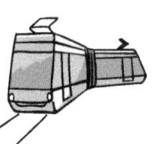

tramvaj

трамвай

vagon

вагон

vertolët

верталёт

aèroport

аэрапорт

vyška

вежа

passažyr

пасажыр

kontejner

кантэйнер

korobka

кардонная скрыня

teležka

тачка

korzina

карзіна

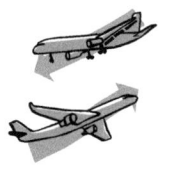

vzletat' / prizemlât'sâ

ўзлятаць / прызямляцца

gorod

горад

derevnâ

вёска

centr goroda

цэнтр горада

dom

дом

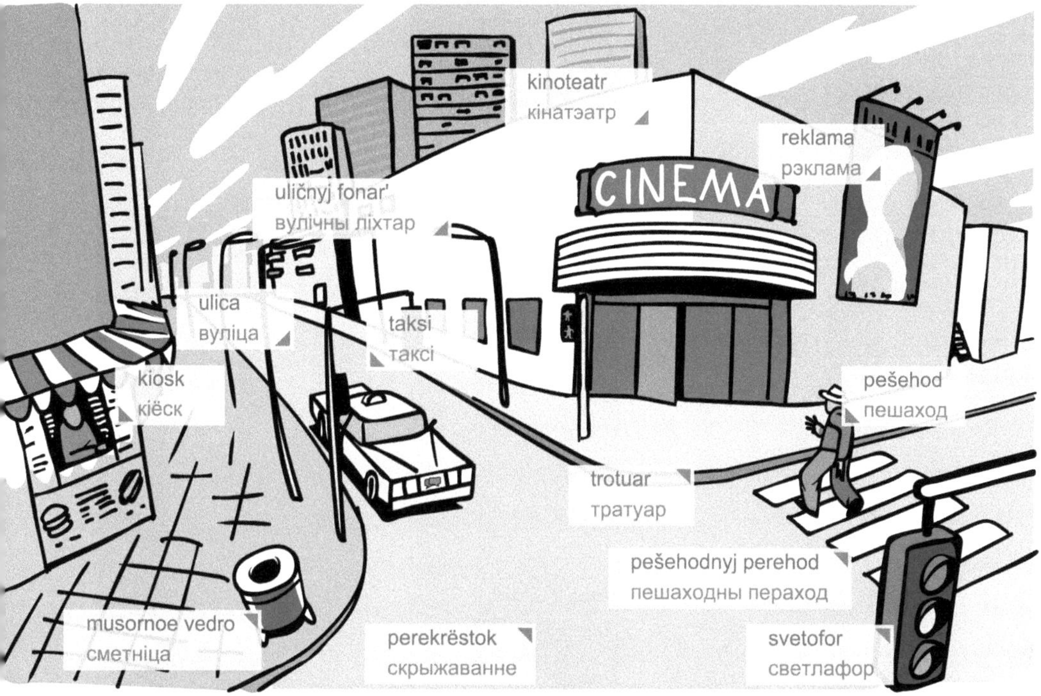

kinoteatr
кінатэатр

reklama
рэклама

uličnyj fonar'
вулічны ліхтар

ulica
вуліца

taksi
таксі

kiosk
кіёск

pešehod
пешаход

trotuar
тратуар

pešehodnyj perehod
пешаходны пераход

musornoe vedro
сметніца

perekrёstok
скрыжаванне

svetofor
светлафор

hižyna

халупа

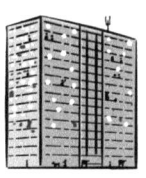

kvartira

кватэра

vokzal

чыгуначная станцыя

ratuša

ратуша

muzej

музей

škola

школа

universitet

універсітэт

bank

банк

bol'nica

шпіталь

gostinica

гатэль

apteka

аптэка

ofis

офіс

knižnyj magazin

кнігарня

magazin

крама

cvetočnyj magazin

кветкавая крама

supermarket

супермаркет

rynok

кірмаш

univermag

універмаг

torgovec ryboj

рыбная крама

torgovyj centr

гандлевы цэнтр

port

порт

gorod - горад

park

парк

skamejka

лава

most

мост

lestnica

лесвіца

metro

метро

tonnel'

тунэль

avtobusnaâ ostanovka

прыпынак

bar

бар

restoran

рэстаран

počtovyj âŝik

паштовая скрыня

tablička s nazvaniem ulicy

вулічны паказальнік

parkometr

паркамат

zoopark

заапарк

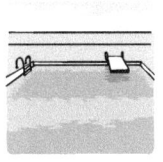

bassejn

басейн

mečet'

мячэць

ferma

сядзіба

zagrâznenie okružaûšej sredy

забруджванне навакольнага асяроддзя

kladbiše

могілкі

cerkov'

царква

detskaâ plošadka

пляцоўка для гульні

hram

храм

landšaft

краявід

![landšaft illustration]

list
ліст

dorožnyj ukazatel'
паказальнік

doroga
дарога

lug
луг

kamen'
камень

putešestvennik
падарожнік

derevo
дрэва

reka
рака

trava
трава

cvetok
кветка

dolina

даліна

gora

гара

ozero

возера

les

лес

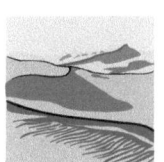

pustynâ

пустыня

vulkan

вулкан

zamok

замак

raduga

вясёлка

grib

грыб

pal'ma

пальма

komar

камар

muha

муха

muravej

мурашка

pčela

пчала

pauk

павук

žuk

жук

lâguška

жаба

belka

вавёрка

ež

вожык

zaâc

заяц

sova

сава

ptica

птушка

lebed'

лебедзь

kaban

дзік

olen'

алень

los'

лось

plotina

плаціна

vetrânoj generator

вятрак

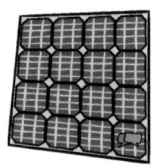

solnečnaâ batareâ

сонечная батарэя

klimat

клімат

restoran

рэстаран

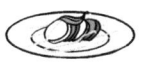

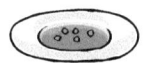

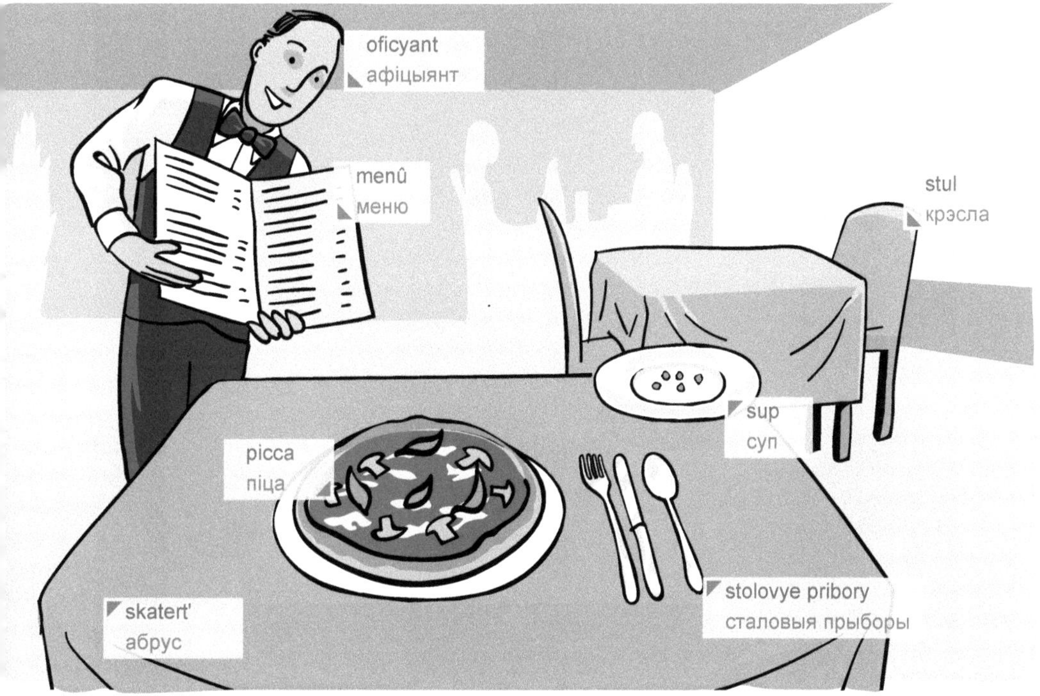
oficyant
афіцыянт
menû
меню
stul
крэсла
sup
суп
picca
піца
stolovye pribory
сталовыя прыборы
skatert'
абрус

zakuska
закуска

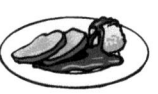

glavnoe blûdo
другая страва

desert
дэсерт

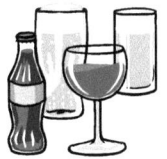

napitki
напоі

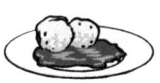

eda
ежа

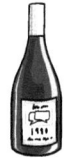

butylka
бутэлька

fastfud

хуткае харчаванне (фаст-фуд)

uličnaâ eda

стрыт-фуд

čajnik

імбрык (чайнік)

saharnica

цукарніца

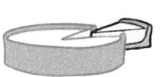

porcyâ

порцыя

kofevarka

эспрэса-машына

detskij stul'čik

дзіцячае крэселка

sčet

рахунак

podnos

паднос

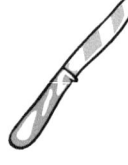

nož

нож

vilka

відэлец

ložka

лыжка

čajnaâ ložka

чайная лыжка

salfetka

сурвэтка

stakan

шклянка

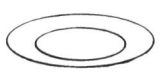

tarelka

талерка

supovaâ tarelka

супавая талерка

blûdce

сподак

sous

соус

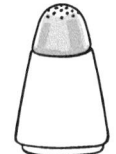

solonka

сальніца

mel'nica dlâ perca

млынок для перцу

uksus

воцат

maslo

алей

specyi

спецыі

ketčup

кетчуп

gorčica

гарчыца

majonez

маянэз

supermarket

супермаркет

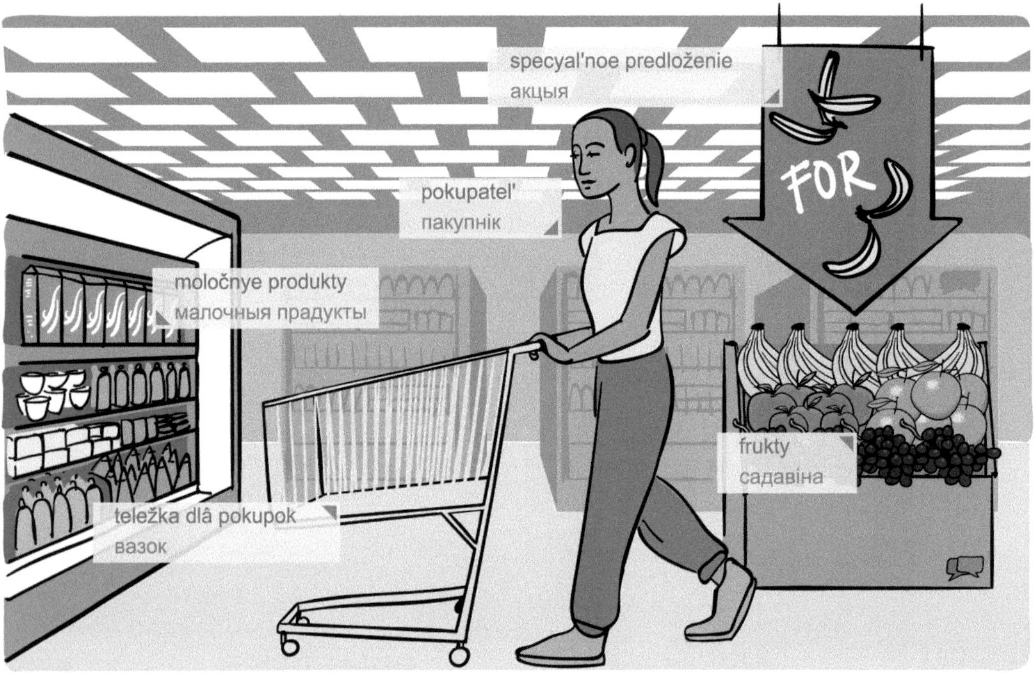

specyal'noe predloženie
акцыя
FOR
pokupatel'
пакупнік
moločnye produkty
малочныя прадукты
frukty
садавіна
teležka dlâ pokupok
вазок

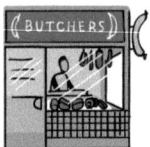

BUTCHERS

mâsnoj magązin

мясная крама

BAKERY

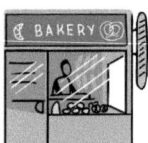

pekarnâ

хлебны магазін

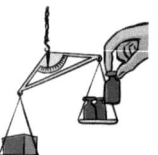

vzvešyvat'

важыць

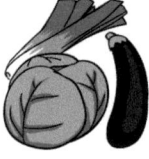

ovoŝi

гароднiна

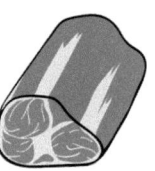

mâso

мяса

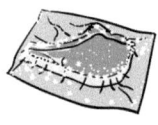

bystrozamorožennye produkty

свежазамарожаныя прадукты

narezka

нарэзка

konservy

кансервы

stiral'nyj porošok

пральны парашок

sladosti

прысмакі

predmet domašnego obihoda

хатнія прылады

moûšee sredstvo

чысцячы сродак

prodavŝica

прадавец

kassa

каса

kassir

касір

spisok pokupok

спіс пакупак

vremâ raboty

гадзіны працы

bumažnik

бумажнік

kreditnaâ kartočka

крэдытная картка

sumka

сумка

poliètilenovyj paket

пакет

voda

вада

sok

сок

moloko

малако

koka-kola

кола

vino

віно

pivo

піва

alkogol'

алкаголь

kakao

какава

čaj

гарбата (чай)

kofe

кава

èspresso

эспрэса

kapučino

капучына

banan

банан

âbloko

яблык

apel'sin

апельсін

arbuz

дыня

limon

лімон

morkov'

морква

česnok

часнок

bambuk

бамбук

luk

цыбуля

grib

грыб

orehi

арэхі

lapša

локшына

spagetti

спагеці

ris

рыс

salat

салата

kartofel' fri

бульба фры

žarenyj kartofel'

смажаная бульба

picca

піца

gamburger

гамбургер

sèndvič

бутэрброд

šnicel'

шніцаль

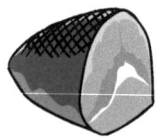

vetčina

вяндліна

salâmi

салямі

kolbasa

каўбаса

kurica

курыца

žarkoe

смажаніна

ryba

рыбак

ovsânye hlop'â

аўсяныя камякі

mûsli

мюслі

kukuruznye hlop'â

кукурузныя шматкі

muka

мука

kruassan

круасан

buločka

булачка

hleb

хлеб

tost

тост

pečen'e

пячэнне

maslo

масла

tvorog

тварог

pirog

пірог

âjco

яйка

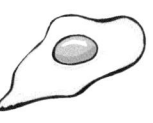

âičnica

яечня

syr

сыр

moroženoe

марожанае

sahar

цукар

mёd

мёд

marmelad

варэнне

krem s nugoj

нуга

karri

кары

ferma
сядзіба

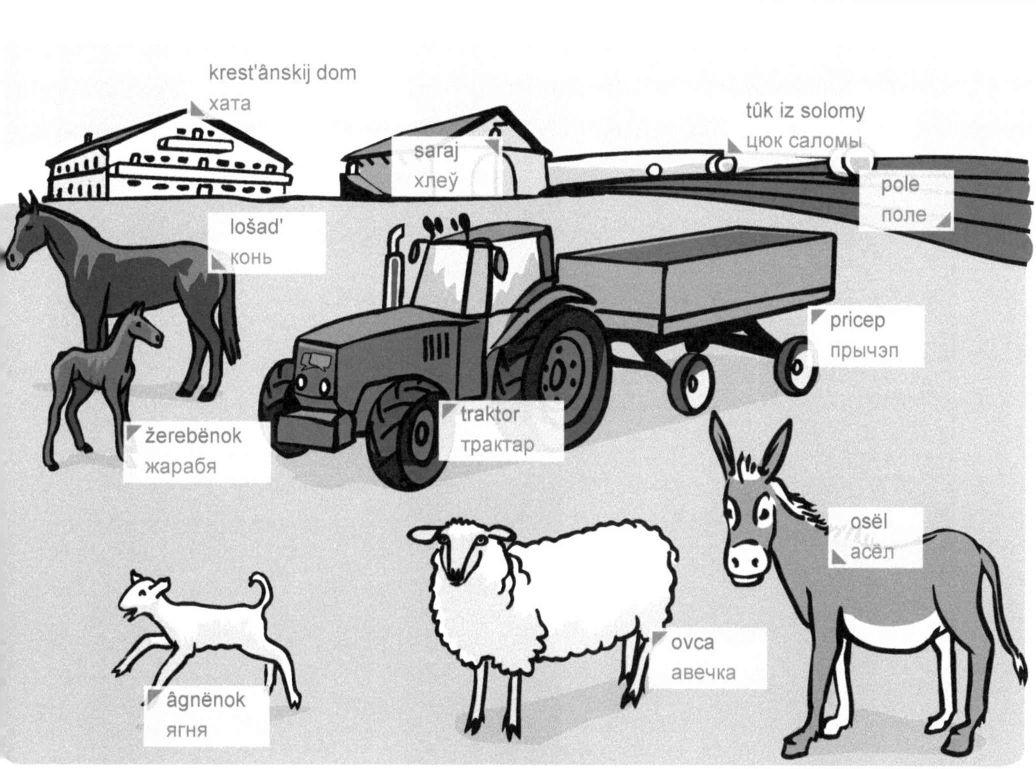
krest'ânskij dom
хата
tûk iz solomy
цюк саломы
saraj
хлеў
pole
поле
lošad'
конь
pricep
прычэп
traktor
трактар
žerebënok
жарабя
osël
асёл
ovca
авечка
âgnënok
ягня

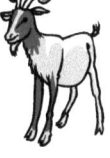

koza
каза

korova
карова

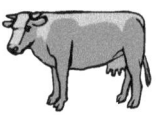

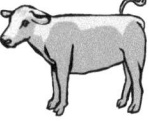

telënok
цяля

svin'â
свіння

porosënok
парася

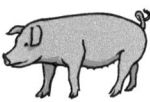

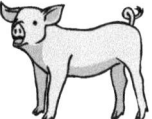

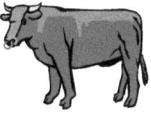

byk
бык

gus'

гусак

utka

качка

cyplënok

кураня

kurica

курыца

petuh

певень

krysa

пацук

koška

кот

myš'

мыш

vol

вол

sobaka

сабака

konura

сабачая будка

sadovyj šlang

садовы шланг

lejka

палівачка

kosa

каса

plug

плуг

serp

серп

motyga

матыка

navoznye vily

вілы для гною

topor

сякера

tačka

тачка

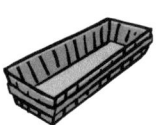

koryto

карыта

bidon dlâ moloka

бітон для малака

mešok

мех

zabor

плот

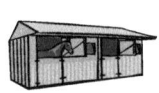

hlev

хлеў

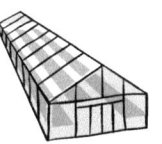

teplica

цяпліца

počva

глеба

posev

насенне

udobrenie

угнаенне

kombajn

камбайн

sobirať urožaj

збіраць ураджай

urožaj

ураджай

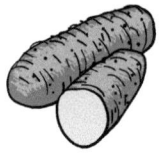

âms

ямс

pšenica

пшаніца

soâ

соя

kartofel'

бульба

kukuruza

кукуруза

raps

рапс

fruktovoe derevo

садовае дрэва

maniok

маніёк

zlaki

збожжа

dymohod
комін

kryša
дах

vodostočnyj želob
вадасцёк

okno
акно

garaž
гараж

zvonok
званок

dver'
дзверы

musornoe vedro
вядро для смецця

počtovyj âŝik
паштовая скрыня

sad
сад

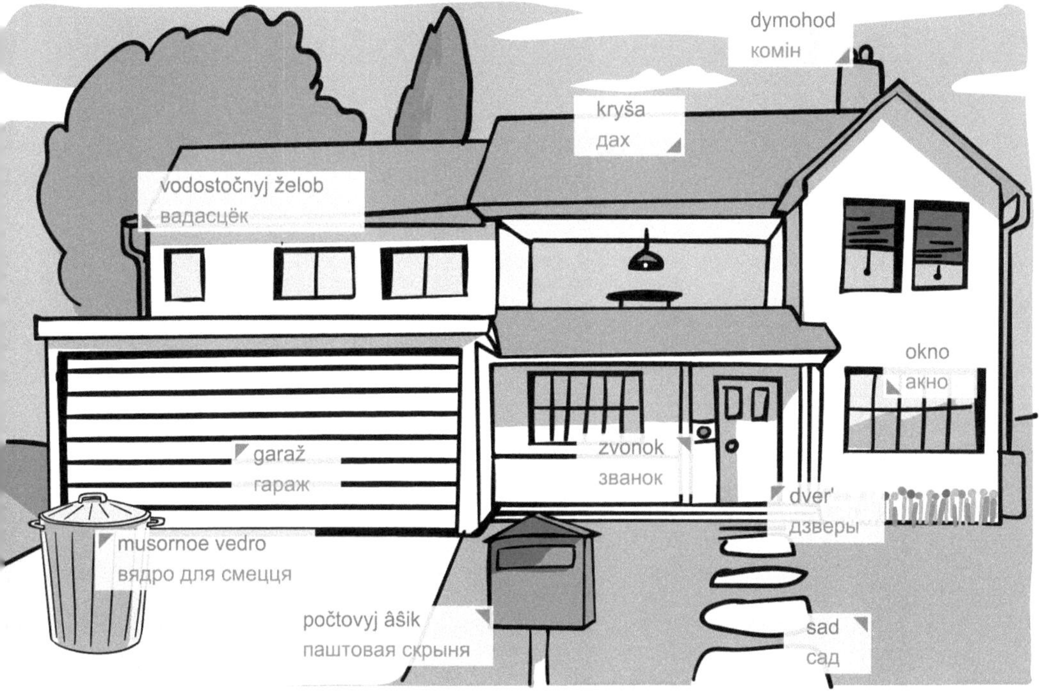

gostinaâ

жылы пакой

vannaâ komnata

ванная

kuhnâ

кухня

spal'nâ

спальны пакой

detskaâ komnata

дзіцячы пакой

stolovaâ

сталоўка

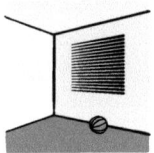

pol

падлога

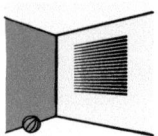

stena

сцяна

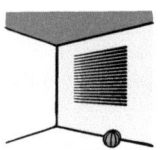

potolok

столь

podval

падвал

sauna

саўна

balkon

балкон

terrasa

тэраса

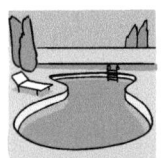

bassejn

басейн

gazonokosilka

касілка

pododeâl'nik

падкоўдранік

pokryvalo

коўдра

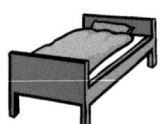

krovat'

ложак

metla

венік

vedro

вядро

vyklûčatel'

выключальнік

gostinaâ
жылы пакой

oboi
шпалеры
risunok
малюнак
lampa
лямпа
polka
паліца
škaf
шафа
televizor
тэлевізар
kamin
камін
cvetok
кветка
poduška
падушка
divan
канапа
vaza
ваза
pul't distancyonnogo upravleniâ
пульт

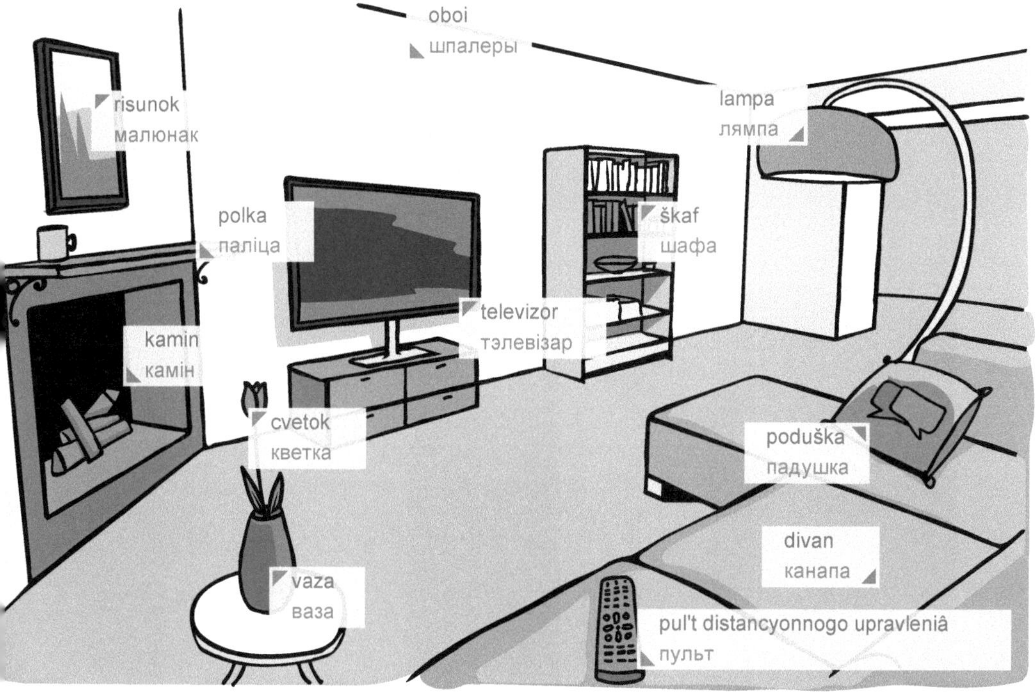

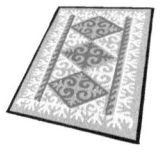

kovër
дыван

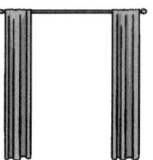

štora
фіранка

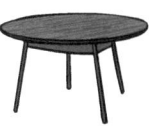

stol
стол

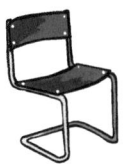

stul
крэсла

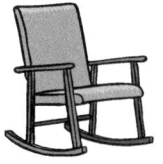

kreslo-kačalka
крэсла-качалка

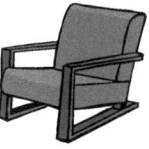

kreslo
крэсла

kniga

кніга

pokryvalo

коўдра

ukrašenie

дэкарацыя

drova

дровы

fil'm

кіно

stereosistema

стэрэасістэма

klûč

ключ

gazeta

газета

kartina

карціна

plakat

постар

radio

радыё

bloknot

нататнік

pylesos

пыласос

kaktus

кактус

sveča

свечка

kuhnâ
кухня

holodil'nik
халадзільнік
mikrovolnovaâ peč'
мікрахвалёвая печ
kuhonnye vesy
кухонныя шалі
toster
тостар
moûŝee sredstvo
мыйны сродак
duhovka
духоўка
morozilka
маразілка
musornoe vedro
вядро для смецця
posudomoečnaâ mašyna
посудамыйная машына

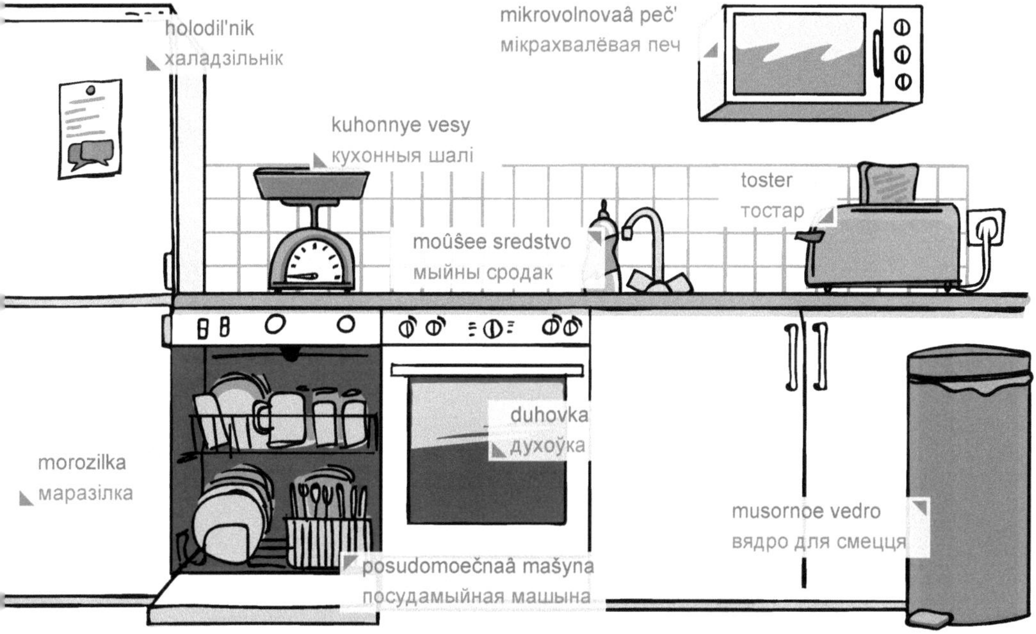

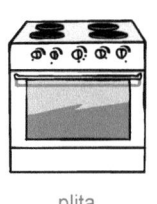

plita
....
пліта

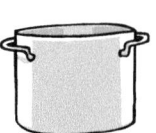

kastrûlâ
....
рондаль

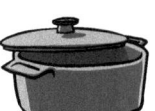

čugunnyj kotelok
....
чыгунок

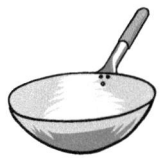

vok / kadaj
....
Вок / кадаі

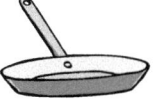

skovoroda
....
патэльня

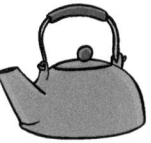

čajnik
....
чайнік

parovarka

параварка

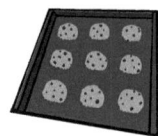

protiven'

бляха

posuda

посуд

kružka

кубак

miska

міска

paločki dlâ edy

палачкі для ежы

polovnik

чарпак

lopatka

лапатачка

sbivalka

збівалка

sito

сіта для варэння

sito

сіта

tërka

тарка

stupka

ступка

gril'

грыль

kostër

вогнішча

doska

дошка

skalka

качалка

štopor

штопар

žestânaâ banka

бляшанка

konservnyj nož

адкрывалка

prihvatka

прыхваткі

rakovina

ракавіна

šetka

шчотка

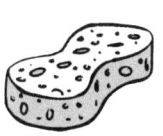

gubka

губка

mikser

міксер

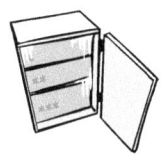

morozil'naâ kamera

маразільная камера

butyločka dlâ kormleniâ

бутэлечка

kran

вадаправодны кран

vannaâ komnata

ванная

duš
душ
otoplenie
ручніковы сушыцель
polotence
ручнік
duševaâ zanaveska
штора для душа
penistaâ vanna
пенная ванна
vanna
ванна
stakan
шклянка
stiral'naâ mašyna
мыйная машына
kran
вадаправодны кран
plitka
плітка
goršok
начны гаршчок
rakovina
ракавіна

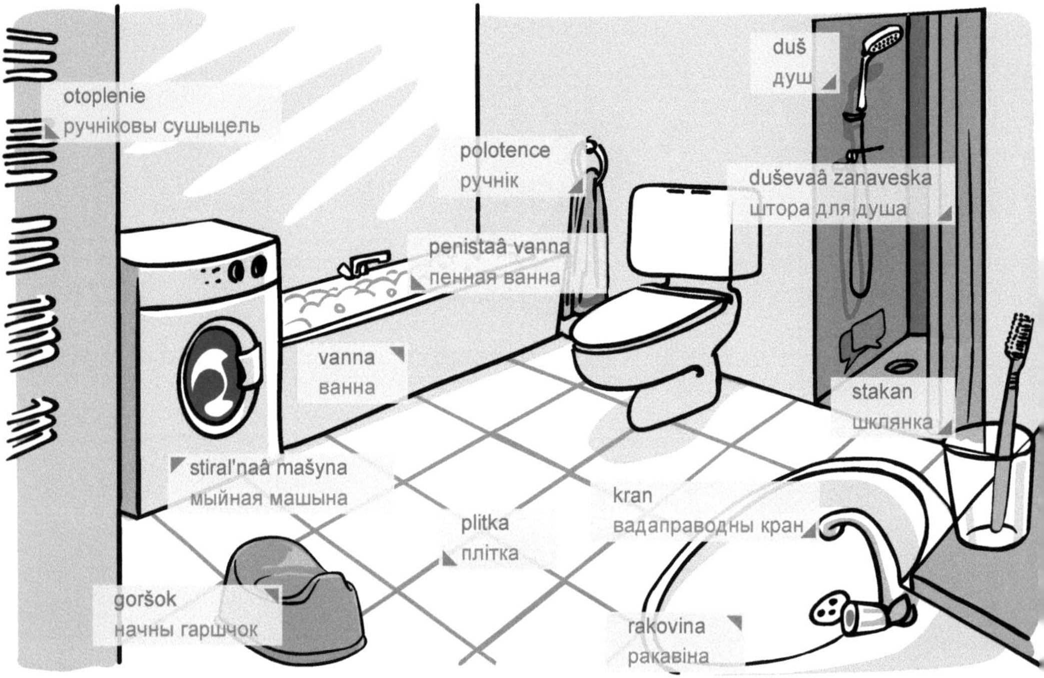

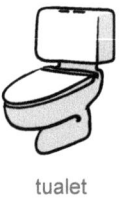

tualet

туалет

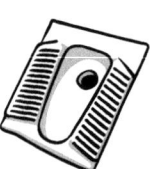

napol'nyj unitaz

падлогавы ўнітаз

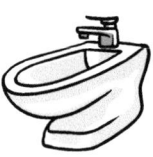

bide

бідэ

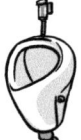

pissuar

пісуар

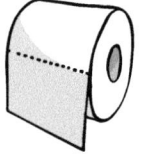

tualetnaâ bumaga

туалетная папера

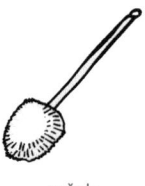

eršyk

шчотка для чысткі ўнітаза

zubnaâ šetka

зубная шчотка

zubnaâ pasta

зубная паста

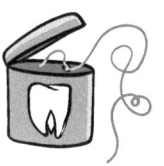

zubnaâ nit'

зубная нітка

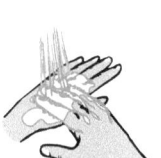

myt'

мыць

ručnoj duš

ручны душ

intimnyj duš

інтымны душ

taz

умывальнік

šetka dlâ spiny

шчотка для спіны

mylo

мыла

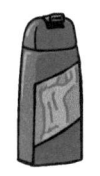

gel' dlâ duša

гель для душа

šampun'

шампунь

močalka

вяхотка

stok

вадасцёк

krem

крэм

dezodorant

дэзадарант

zerkalo

люстэрка

ručnoe zerkalo

касметычнае люстэрка

britva

станок для галення

pena dlâ brit'â

пена для галення

los'on posle brit'â

ласьён пасля галення

rasčeska

грэбень

šetka

шчотка

fen

фен

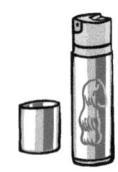

lak dlâ volos

лак для валасоў

kosmetika

касметыка

gubnaâ pomada

памада

lak dlâ nogtej

лак для пазногцяў

vata

вата

manikûrnye nožnicy

манікюрныя нажніцы

duhi

духі

kosmetička

касметычка

taburetka

табурэтка

vesy

вагі

halat

лазневы халат

rezinovye perčatki

санітарныя пальчаткі

tampon

тампон

gigieničeskaâ prokladka

гігіенічныя пракладкі

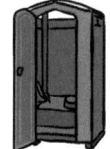

biotualet

біятуалет

detskaâ komnata

дзіцячы пакой

budil'nik
будзільнік
mâgkaâ igruška
мяккая цацка
igruškečnyj avtomobil'
цацачная машынка
pogremuška
бразготка
kukol'nyj domik
лялечны домік
podarok
падарунак

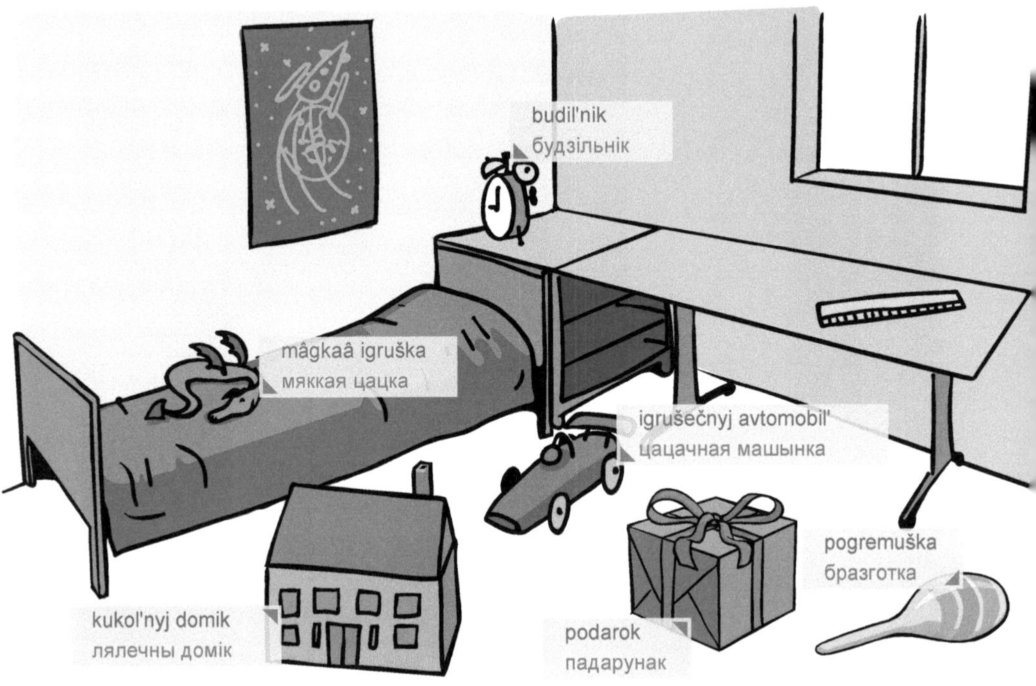

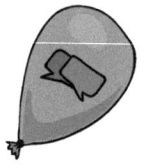

vozdušnyj šar

надзіманы шарык

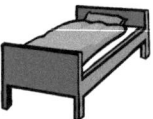

krovat'

ложак

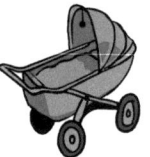

detskaâ kolâska

дзіцячая каляска

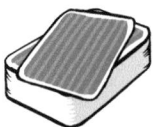

kartočnaâ igra

калода картаў

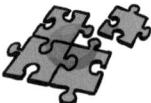

pazl

пазл

komiks

комікс

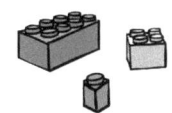

kirpičiki Lego

канструктар "Лега"

kubiki

канструктар

igrušečnaâ figurka

экшэн-фігурка

polzunki

дзіцячы гарнітур

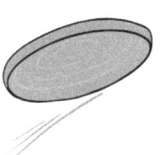

frisbi

фрызбі

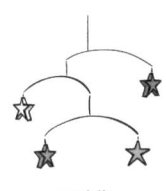

mobile

дзіцячы мабіль

nastol'naâ igra

настольная гульня

kubik

кубік

model' železnoj dorogi

дзіцячая чыгунка

soska

пустышка

večerinka

дзіцячае свята

kniga s kartinkami

кніга з малюнкамі

mâč

мячык

kukla

лялька

igrat'

гуляцца

pesočnica

пясочніца

kačeli

арэлі

igruška

цацкі

igrovaâ pristavka

гульнявая відэа прыстаўка

trëhkolesnyj velosiped

трохколавы ровар

plûševyj medvežonok

плюшавы мішка

škaf dlâ odeždy

шафа

odežda

адзенне

noski

шкарпэткі

čulki

панчохі

kolgotki

калготкі

šarf
шалік

remen'
рамень

zontik
парасон

futbolka
цішотка

sapogi
боты

krossovki
красоўкі

tapki
пантоплі

sandalii
сандалі

botinki
абутак

rezinovye sapogi
гумовыя боты

trusy
трусы

bûstgal'ter
бюстгальтар

majka
майка

bodi

бодзі

brûki

штаны

džynsy

джынсы

ûbka

спадніца

bluzka

блузка

rubaška

кашуля

sviter

джэмпер

sviter

талстоўка

sportivnaâ kurtka

блэйзер

žaket

куртка

pal'to

паліто

plaŝ

дажджавік

kostûm

касцюм

plat'e

сукенка

svadebnoe plat'e

вясельная сукенка

mužskoj kostûm

касцюм

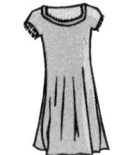

nočnaâ soročka

начная сарочка

pižama

піжама

sari

сары

platok

хустка

tûrban

цюрбан

parandža

паранджа

kaftan

каптан

abajâ

Абая

kupal'nik

купальнік

plavki

плаўкі

šorty

шорты

sportivnyj kostûm

спартыўны касцюм

fartuk

фартух

perčatki

пальчаткі

pugovica

гузік

očki

акуляры

braslet

бранзалет

cepočka

каралі

kol'co

кальцо

ser'ga

завушніца

šapka

кепка

vešalka

вешалка

šlâpa

капялюш

galstuk

гальштук

zastežka molniâ

маланка

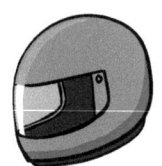

šlem

шлем

podtâžki

падцяжкі

škol'naâ forma

школьная форма

forma

уніформа

detskij nagrudnik

нагруднік

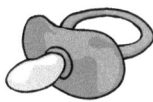

soska

пустышка

podguznik

падгузнік

server
сервер

kancelârskij škaf
канцылярская шафа

printer
прынтэр

monitor
манітор

bumaga
папера

pis'mennyj stol
пісьмовы стол

myš'
мыш

papka
тэчка

klaviatura
клавіятура

korzina dlâ bumag
смеццевы кошык

komp'ûter
кампутар

stul
крэсла

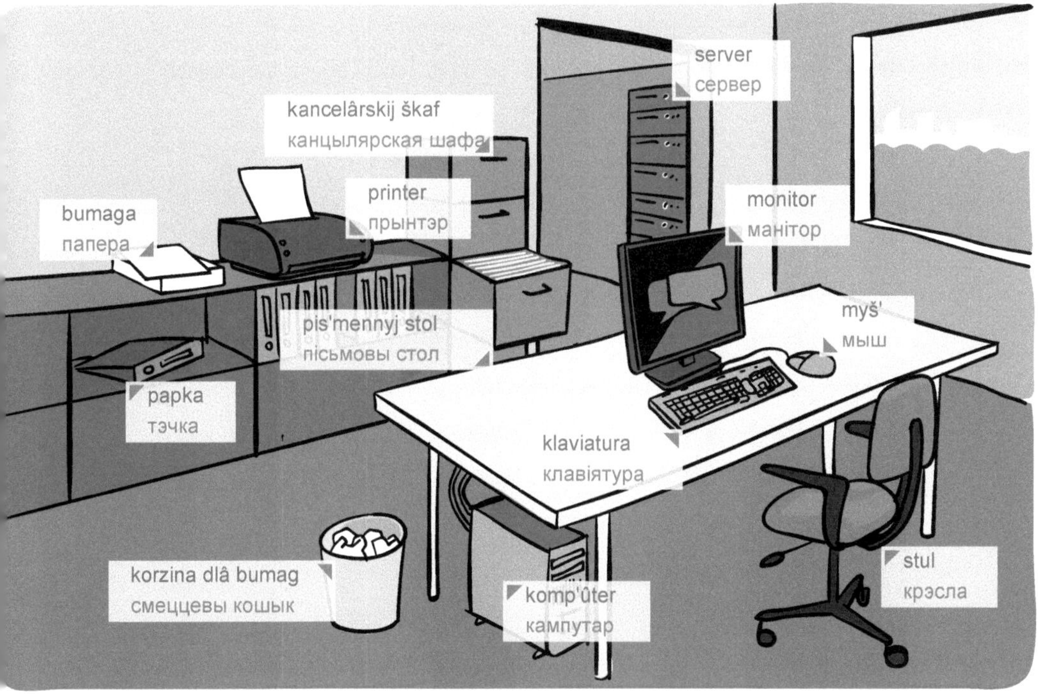

kofejnaâ kružka

кубак для кавы (філіжанка)

kal'kulâtor

калькулятар

internet

інтэрнэт

noutbuk

ноўтбук

pis'mo

ліст

soobŝenie

паведамленне

mobil'nyj telefon

мабільны тэлефон

set'

сетка

kseroks

ксеракс

programma

праграмнае забеспячэнне

telefon

тэлефон

rozetka

разетка

faks

факс

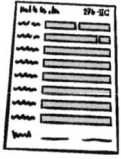

formulâr

фармуляр

dokument

дакумент

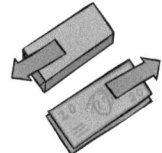

pokupat'

купляць

platit'

плаціць

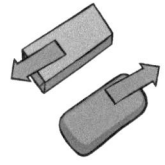

torgovat'

гандляваць

den'gi

грошы

dollar

долар

evro

еўра

iena

ена

rubl'

рубель

frank

франк

žèn'min'bi ûan'

кітайскі юань

rupiâ

рупія

bankomat

банкамат

punt obmena valûty

punkt obmena valûty

абменны пункт

zoloto

золата

serebro

срэбра

neft'

нафта

ènergiâ

энергія

cena

цана

dogovor

кантракт

nalog

падатак

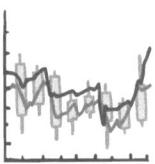

akcyâ

акцыя

rabotat'

працаваць

služaŝij

служачы

rabotodatel'

працадаўца

fabrika

фабрыка

magazin

крама

professii

прафесii

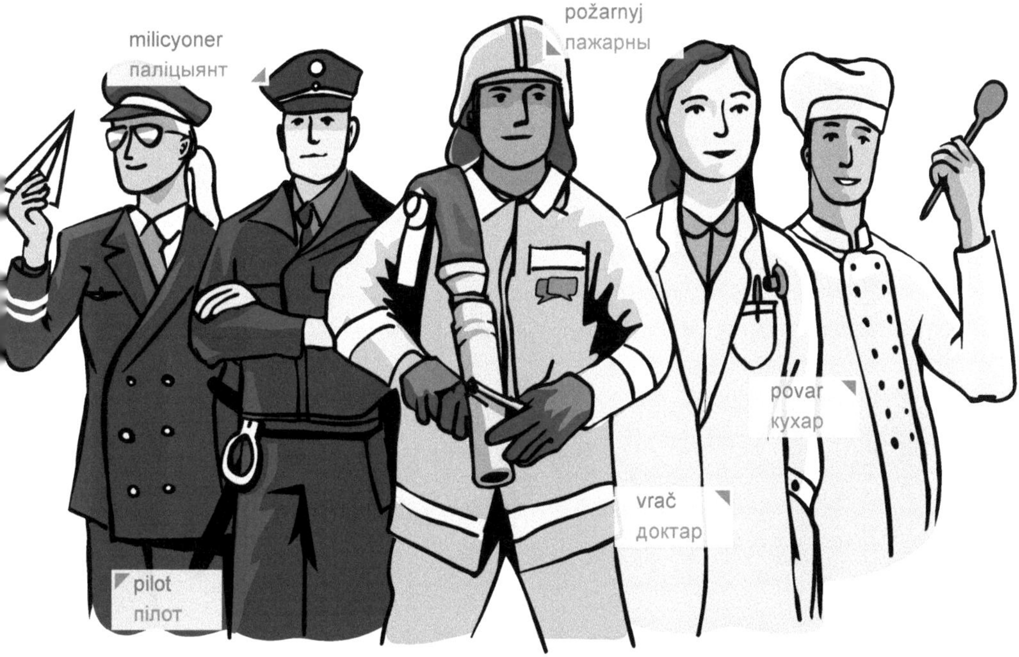

milicyoner
паліцыянт
požarnyj
пажарны
povar
кухар
vrač
доктар
pilot
пілот

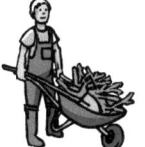

sadovnik

садоўнік

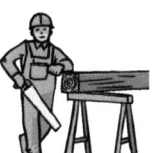

stolâr

слесар

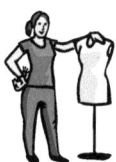

šveâ

швачка

sud'â

суддзя

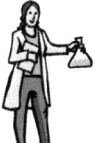

himik

хімік

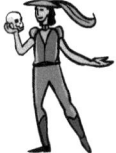

aktër

артыст

voditel' avtobusa

кіроўца аўтобуса

taksist

таксіст

rybak

рыбак

uborŝica

прыбіральшчыца

krovel'ŝik

страхар

oficyant

афіцыянт

ohotnik

паляўнічы

hudožnik

мастак

pekar'

пекар

èlektrik

электрык

stroitel'

будаўнік

inžener

інжынер

mâsnik

мяснік

santehnik

сантэхнік

počtal'on

паштальён

soldat

салдат

arhitektor

архітэктар

kassir

касір

florist

фларыст

parikmaher

цырульнік

konduktor

кандуктар

mehanik

механік

kapitan

капітан

zubnoj vrač

стаматолаг

učenyj

вучоны

ravvin

рабін

imam

імам

monah

манах

svâŝennik

святар

instrumenty
інструменты

ploskogubcy
пласкагубцы
molotok
малаток
otvërtka
адвёртка
karmannyj fonarik
ліхтарык
gaečnyj klûč
гаечны ключ

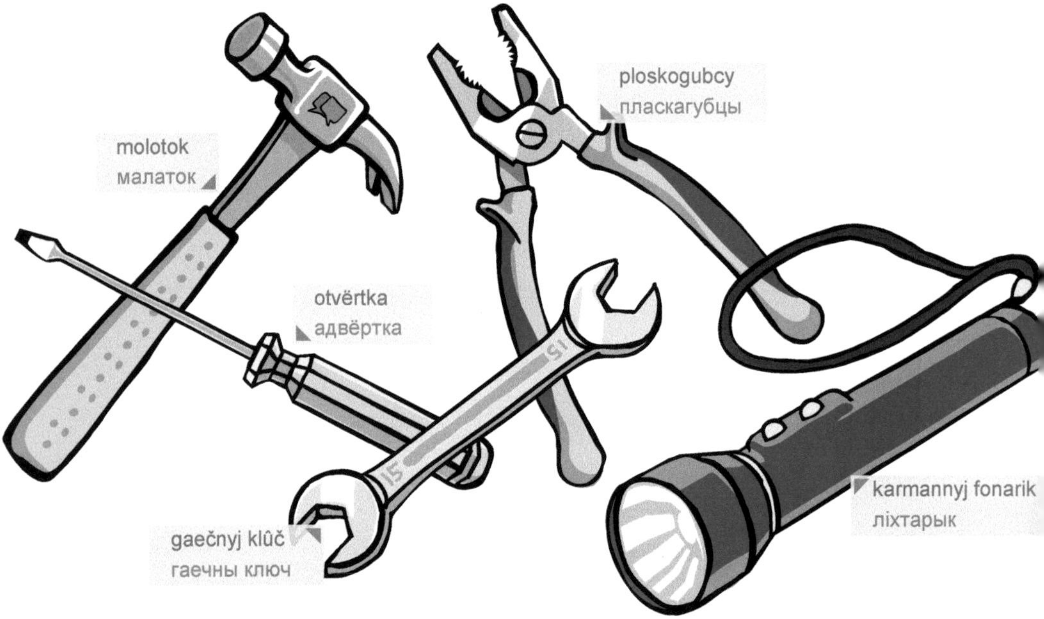

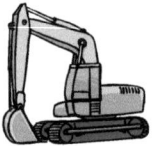

èkskavator

экскаватар

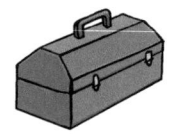

âŝik dlâ instrumentov

скрыня для інструментаў

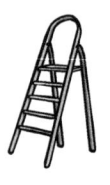

stremânka

драбіны

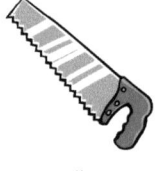

pila

піла

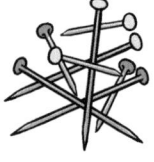

gvozdi

цвікі

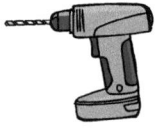

drel'

дрыль

remontirovat'

рамантаваць

lopata

рыдлеўка

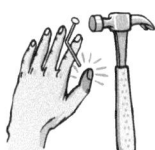

Blin!

Халера!

sovok

шуфлік для смецця

vedro s kraskoj

вядро з фарбаю

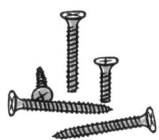

vinty

балты

muzykal'nye instrumenty
музычныя інструменты

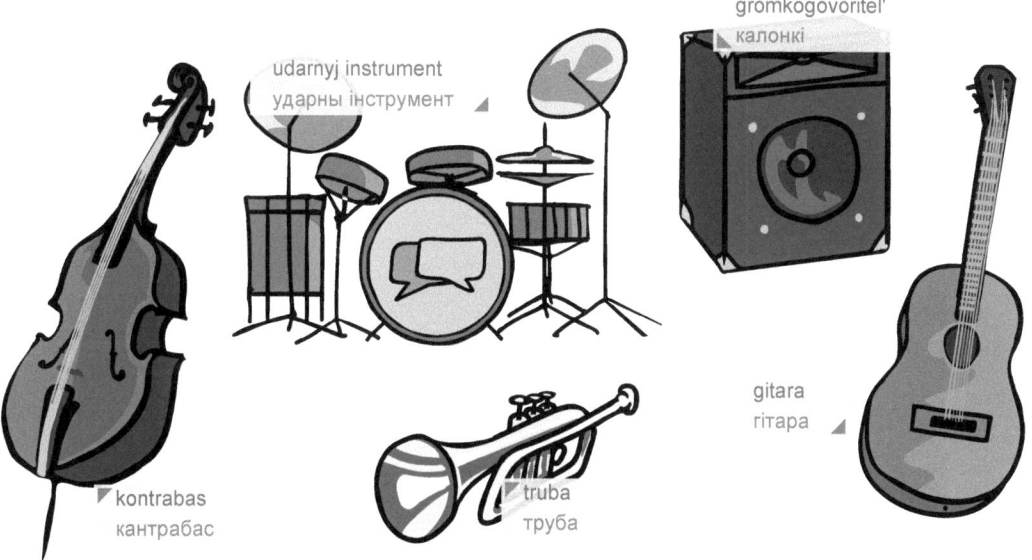

gromkogovoritel'
калонкі

udarnyj instrument
ударны інструмент

kontrabas
кантрабас

truba
труба

gitara
гітара

pianino

піяніна

skripka

скрыпка

bas-gitara

басгітара

litavry

літаўры

baraban

барабан

sintezator

клавішны электрамузычны інструмент

saksofon

саксафон

flejta

флейта

mikrofon

мікрафон

zoopark
заапарк

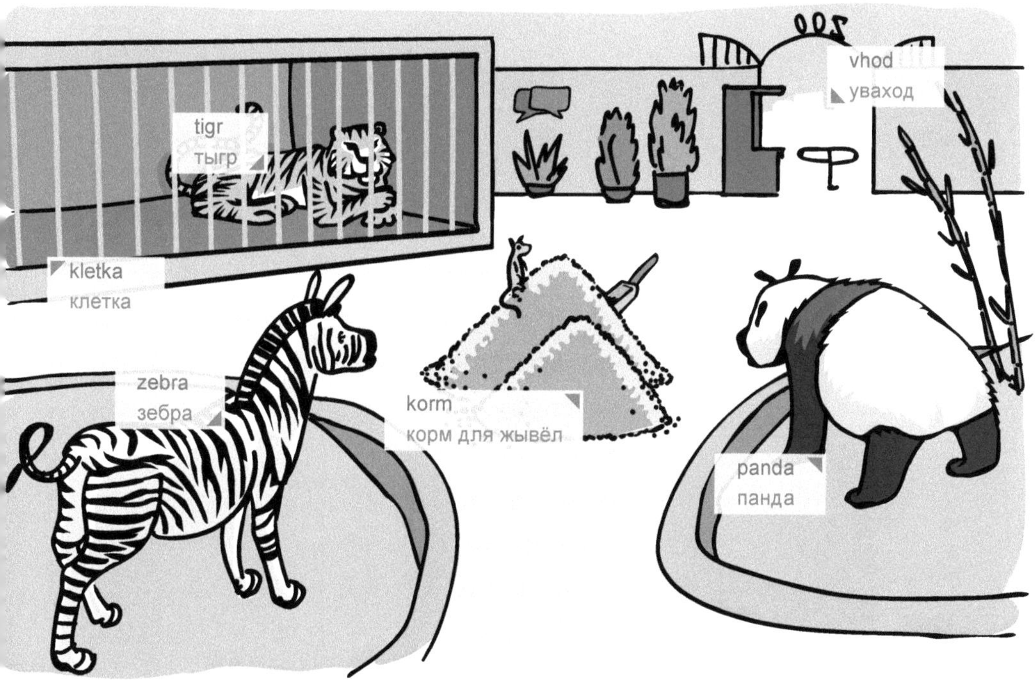

tigr
тыгр
vhod
уваход
kletka
клетка
zebra
зебра
korm
корм для жывёл
panda
панда

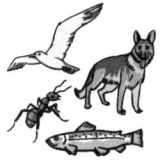

žyvotnye
жывёлы

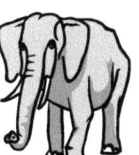

slon
слон

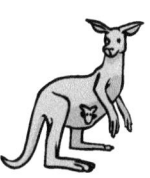

kenguru
кенгуру

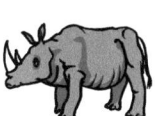

nosorog
насарог

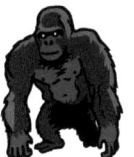

gorilla
гарыла

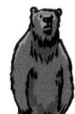

medved'
мядзведзь

verblûd

вярблюд

straus

стравус

lev

леў

obez'âna

малпа

flamingo

фламінга

popugaj

папугай

belyj medved'

белы мядзведзь

pingvin

пінгвін

akula

акула

pavlin

паўлін

zmeâ

змяя

krokodil

кракадзіл

služytel' zooparka

наглядчык заапарка

tûlen'

цюлень

âguar

ягуар

poni

поні

leopard

леапард

begemot

бегемот

žyraf

жыраф

orël

арол

kaban

дзік

ryba

рыбак

čerepaha

чарапаха

morž

морж

lisa

ліса

gazel'

газель

amerikanskij futbol
амерыканскі футбол

ezda na velosipede
веласпорт

tennis
тэніс

basketbol
баскетбол

plavanie
плаванне

boks
бокс

hokkej
хакей з шайбай

futbol	badminton	lëgkaâ atletika
футбол	бадмінтон	лёгкая атлетыка
gandbol	lyžnyj sport	polo
гандбол	горныя лыжы	пола

prygat'
скакаць

obnimat'
абдымаць

smeât'sâ
смяяцца

idti
ісці

pet'
спяваць

mečtat'
марыць

molit'sâ
маліцца

celovat'
цалаваць

pisat'
пісаць

risovat'
маляваць

pokazyvat'
паказваць

nažymat'
націснуць

davat'
даваць

brat'
браць

imet'

маць

delat'

выконваць

byt'

быць

stoât'

стаяць

bežat'

бегчы

tânut'

цягнуць

brosat'

кідаць

padat'

падаць

ležat'

ляжаць

ždat'

чакаць

nosit'

насіць

sidet'

сядзець

nadevat'

апранацца

spat'

спаць

prosypat'sâ

прачынацца

rassmatrivat'

глядзець

plakat'

плакаць

gladit'

лашчыць

pričesyvat'

прычэсвацца

govorit'

гаварыць

ponimat'

разумець

sprašyvat'

пытаць

slušat'

чуць

pit'

піць

kušat'

есці

navodit' porâdok

прыбіраць

lûbit'

кахаць

gotovit'

гатаваць

ehat'

ехаць

letat'

лятаць

hodit' pod parusom

плаваць пад ветразем

sčitat'

лічыць

čitat'

чытаць

učit'sâ

вучыць

rabotat'

працаваць

vstupat' v brak

уступаць у шлюб

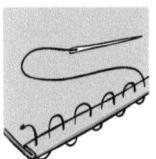

šyt'

шыць

čistit' zuby

чысціць зубы

ubivat'

забіваць

kurit'

курыць

otpravlât'

пасылаць

sem'â

сям'я

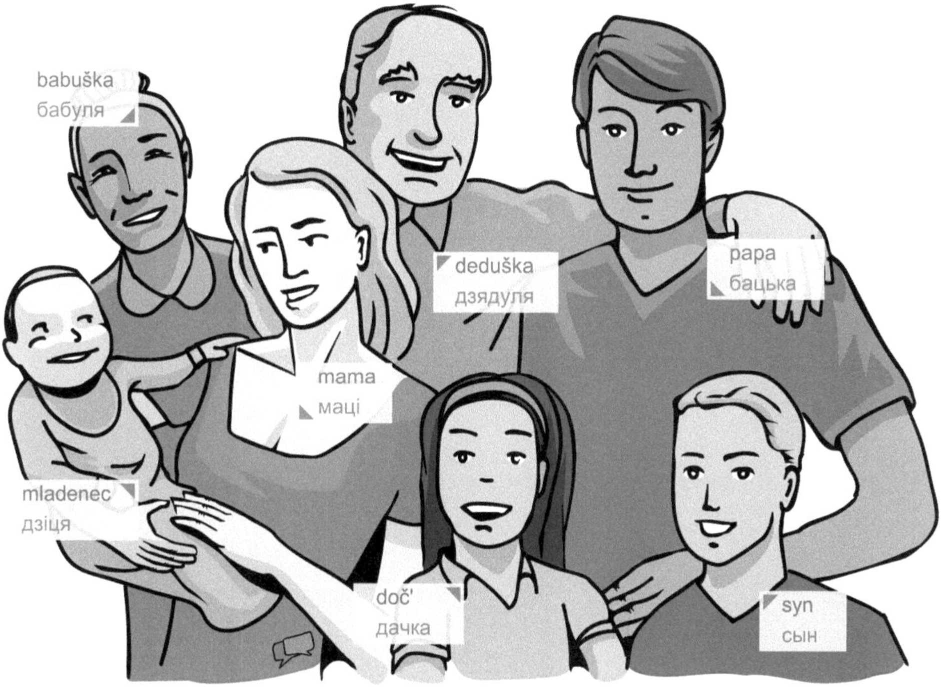

babuška
бабуля
deduška
дзядуля
papa
бацька
mama
маці
mladenec
дзіця
doč'
дачка
syn
сын

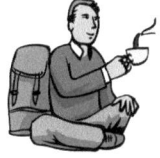

gost'

госць

tetâ

цётка

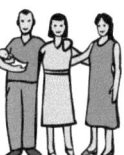

dâdâ

дзядзька

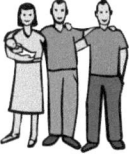

brat

брат

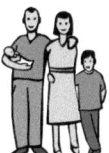

sestra

сястра

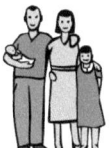

telo

цела

lob
лоб
glaz
вока
plečo
плячо
palec
палец
lico
твар
podborodok
падбародак
kisť
рука
grud'
грудзі
noga
нага
ruka
рука

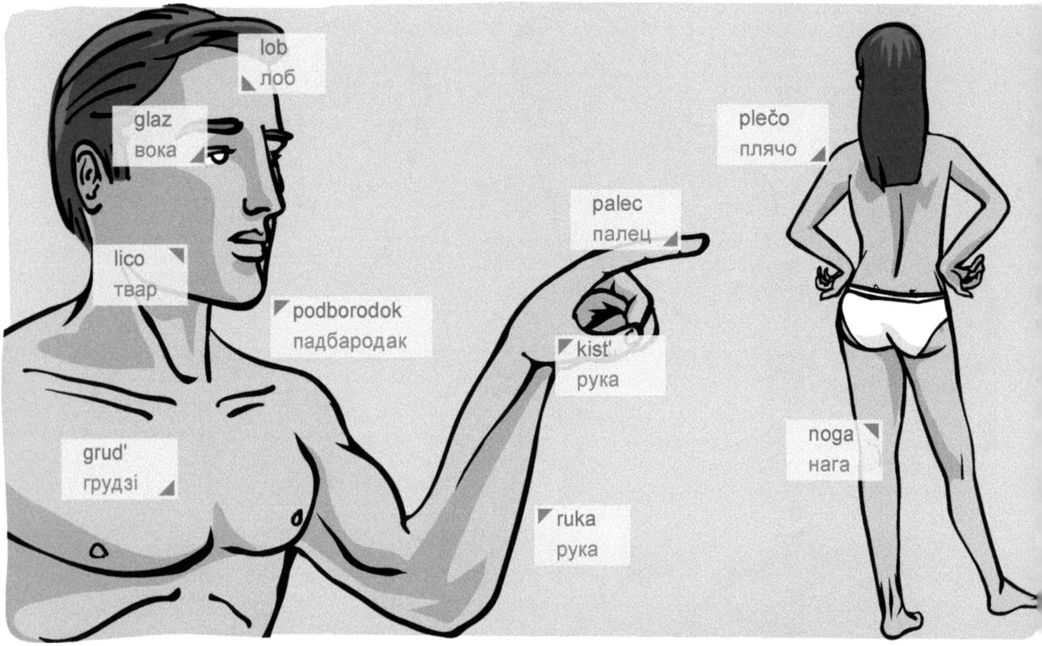

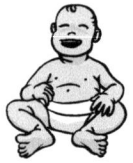

mladenec

дзіця

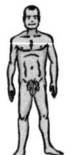

mužčina

мужчына

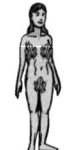

ženŝina

жанчына

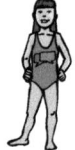

devočka

дзяўчынка

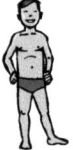

mal'čik

хлопчык

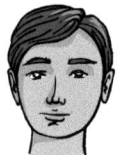

golova

галава

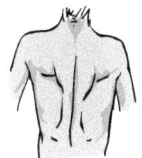

spina

спіна

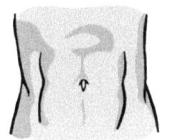

żyvot

жывот

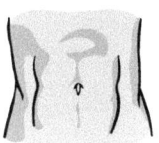

pupok

пуп

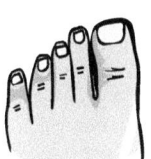

palec nogi

палец нагі

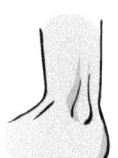

pâtka

пятка

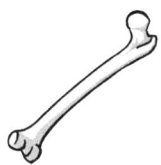

kosť

костка

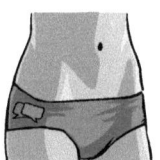

bedro

бядро

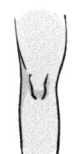

koleno

калена

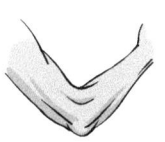

lokoť

локаць

nos

нос

âgodicy

ягадзіца

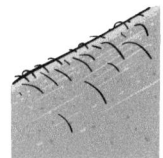

koža

скура

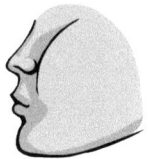

šeka

шчака

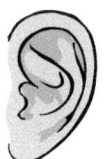

uho

вуха

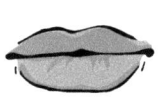

guba

губа

rot

рот

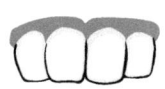

zub

зуб

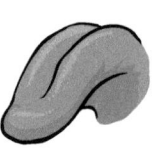

âzyk

язык

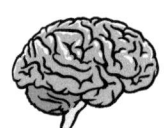

mozg

галаўны мозг

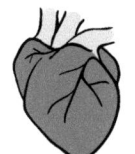

serdce

сэрца

myšca

мышца

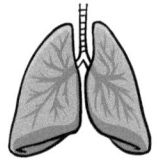

lëgkoe

лёгкае

pečen'

пячонка

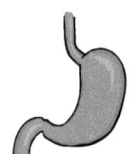

želudok

страўнік

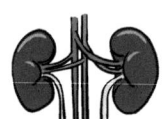

počki

ныркі

polovoj akt

сэкс

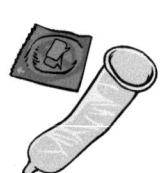

prezervativ

прэзерватыў

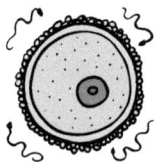

âjcekletka

яйцаклетка

sperma

сперма

beremennost'

цяжарнасць

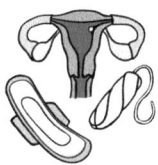

menstruacyâ

менструацыя

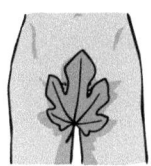

vagina

похва

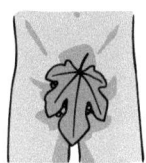

penis

пеніс

brov'

брыво

volosy

валасы

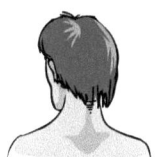

šeâ

шыя

telo - цела

bol'nica
шпіталь

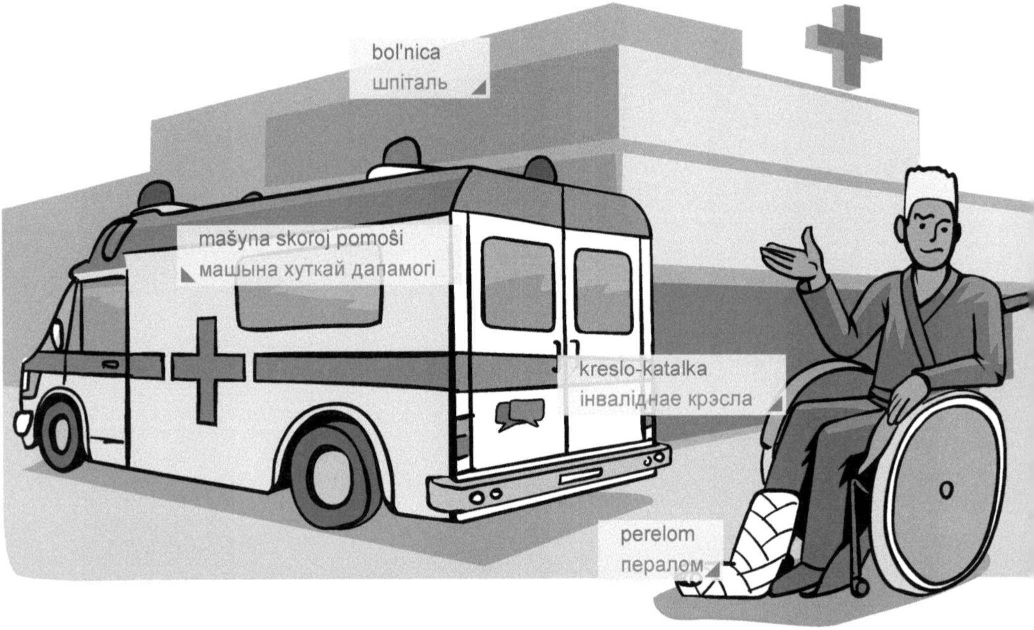

mašyna skoroj pomoŝi
машына хуткай дапамогі

kreslo-katalka
інваліднае крэсла

perelom
пералом

vrač

доктар

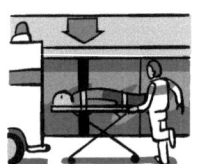

punkt pervoj pomoŝi

аддзяленне першай
дапамогі

medsestra

медсястра

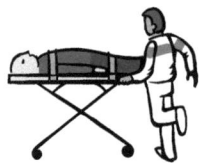

neotložnyj slučaj

экстраная дапамога

bez soznaniâ

непрытомны

bol'

боль

povreždenie

траўма

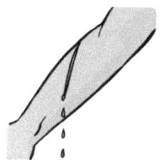

krovotečenie

крывацёк

infarkt

інфаркт

insul't

апаплексія

allergiâ

алергія

kašel'

кашаль

povyšennaâ temperatura

гарачка

gripp

грып

ponos

панос

golovnaâ bol'

галаўны боль

rak

рак

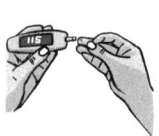

diabet

дыябет

hirurg

хірург

skal'pel'

скальпель

operacyâ

аперацыя

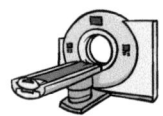

KT

КТ

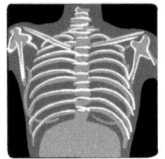

rentgen

рэнтген

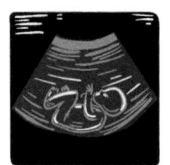

ul'trazvuk

ультрагук

maska

маска

bolezn'

хвароба

priëmnaâ

пачакальня

kostyl'

мыліца

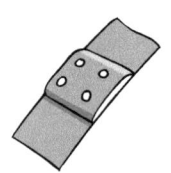

plastyr'

пластыр

bint

бінт

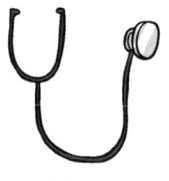

ukol

ін'екцыя

stetoskop

стэтаскоп

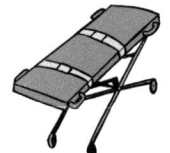

nosilki

насілкі

termometr

градуснік

rождenie

нараджэнне

izbytočnyj ves

лішняя вага

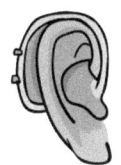

sluhovoj apparat

слухавы апарат

dezinfekcyonnoe sredstvo

дэзінфекцыйны сродак

infekcyâ

інфекцыя

virus

вірус

VIČ / SPID

ВІЧ/СНІД

lekarstvo

лекі

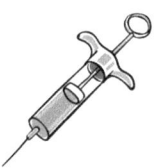

privivka

прышчэпка

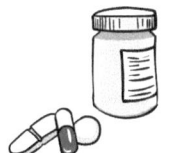

tabletki

таблеткі

protivozačatočnaâ tabletka

супрацьзачаткавая таблетка

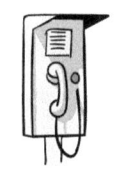

èkstrennyj vyzov

экстраны выклік

pribor dlâ izmereniâ krovânogo davleniâ

танометр

bol'noj / zdorovyj

хворы / здаровы

Pomogite!

Ратуйце!

signal trevogi

сігналізацыя

napadenie

напад

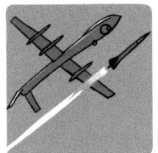

ataka

атака

opasnosť

небяспека

zapasnoj vyhod

аварыйны выхад

Požar!

Пажар!

ognetušytel'

вогнетушыцель

nesčastnyj slučaj

аварыя

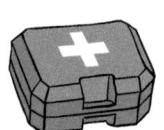

aptečka

аптэчка

SOS

СОС

milicyâ

паліцыя

Evropa

Еўропа

Severnaâ Amerika

Паўночная Амерыка

Ûžnaâ Amerika

Паўднёвая Амерыка

Afrika

Афрыка

Aziâ

Азія

Avstraliâ

Аўстралія

Atlantičeskij okean

Атлантычны акіян

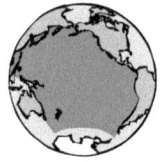

Tihij okean

Ціхі акіян

Indijskij okean

Індыйскі акіян

Antarktičeskij okean

Паўднёвы ледавіты акіян

Severnyj Ledovityj okean

Паўночны ледавіты акіян

Severnyj polûs

Паўночны полюс

Ûžnyj polûs

Паўднёвы полюс

Antarktika

Антарктыда

zemlâ

Зямля

suša

краіна

more

мора

ostrov

востраў

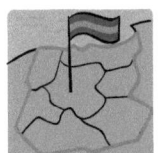

nacyâ

нацыя

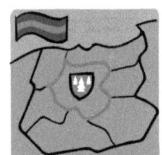

gosudarstvo

дзяржава

cyferblat

цыферблат

časovaâ strelka

гадзінная стрэлка

minutnaâ strelka

хвілінная стрэлка

sekundnaâ strelka

секундная стрэлка

Kotoryj čas?

Колькі часу?

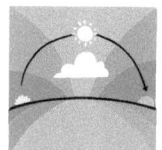

den'

дзень

vremâ

час

sejčas

зараз

èlektronnye časy

электронны гадзіннік

minuta

хвіліна

čas

гадзіна

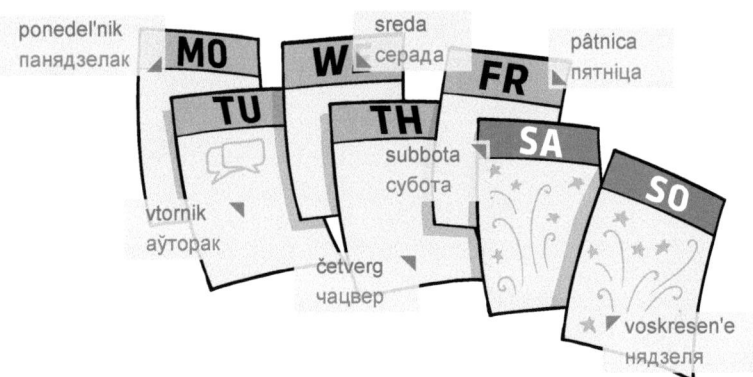

ponedel'nik
панядзелак

MO

TU

vtornik
аўторак

sreda
серада

W

TH

četverg
чацвер

subbota
субота

FR

pâtnica
пятніца

SA

SO

voskresen'e
нядзеля

včera
....
ўчора

segodnâ
....
сёння

zavtra
....
заўтра

utro
....
раніца

polden'
....
абед

večer
....
вечар

rabočie dni
....
працоўныя дні

vyhodnye
....
выходныя

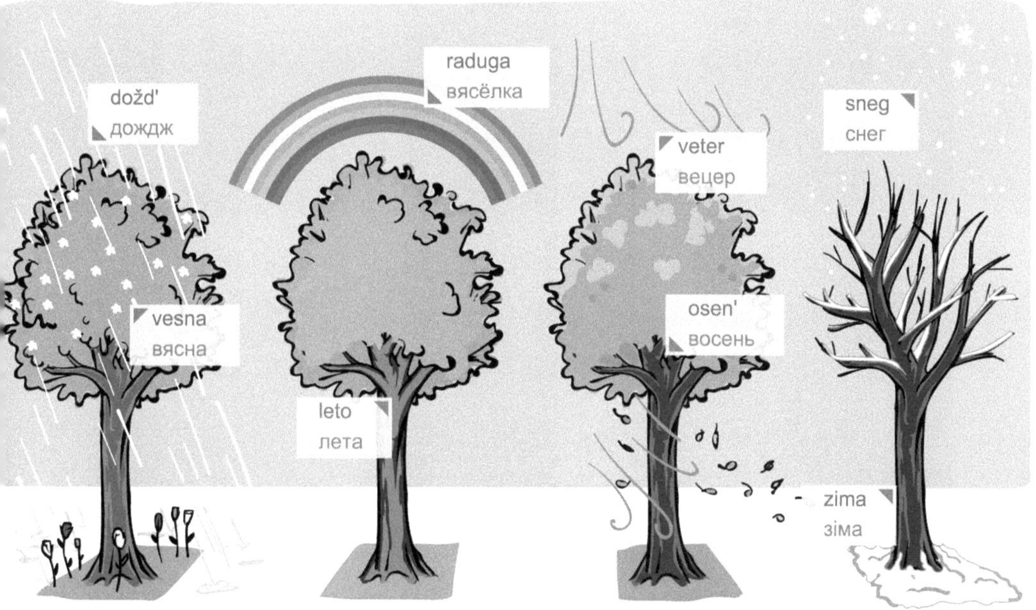

dožd'
дождж

raduga
вясёлка

sneg
снег

veter
вецер

vesna
вясна

osen'
восень

leto
лета

zima
зіма

prognoz pogody

прагноз надвор'я

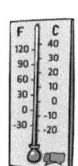

termometr

градуснік

solnečnyj svet

сонечнае святло

tuča

воблака

tuman

туман

vlažnost' vozduha

вільготнасць паветра

molniâ

маланка

grom

гром

burâ

бура

grad

град

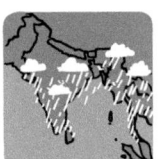

musson

мусонны вецер

navodnenie

прыліў

lëd

лёд

ânvar'

студзень

fevral'

люты

mart

сакавік

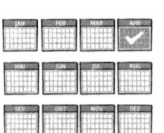

aprel'

красавік

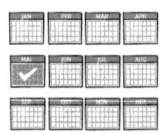

maj

май

iûn'

чэрвень

iûl'

ліпень

avgust

жнівень

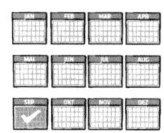

sentâbr'

верасень

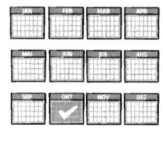

oktâbr'

кастрычнік

noâbr'

лістапад

dekabr'

снежань

formy
формы

krug

круг

kvadrat

квадрат

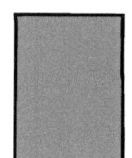

prâmougol'nik

прамавугольнік

treugol'nik

трохвугольнік

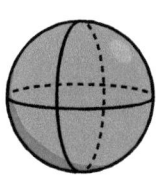

šar

шар

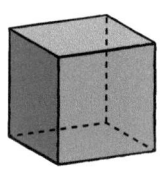

kub

куб

belyj

белы

željyj

жоўты

oranževyj

аранжавы

rozovyj

ружовы

krasnyj

чырвоны

lilovyj

фіялетавы

sinij

сіні

zelënyj

зялёны

koričnevyj

карычневы

seryj

шэры

černyj

чорны

mnogo / malo

шмат / мала

ârostnyj / mirnyj

злы / добры

krasivyj / urodlivyj

прыгожы / брыдкі

načalo / konec

пачатак / канец

bol'šoj / malen'kij

высокі / малы

svetlyj / temnyj

светлы / цёмны

brat / sestra

сястра / брат

čistyj / grâznyj

чысты / брудны

polnyj / nepolnyj

поўны / няпоўны

den' / noč'

дзень / ноч

mërtvyj / žyvoj

мёртвы / жывы

šyrokij / uzkij

шырокі / вузкі

s"edobnyj / nes"edobnyj

ядомы / неядомы

zloj / družełûbnyj

злы / добры

vzvolnovannyj / skučaûšij

узбуджаны / нудны

tolstyj / hudoj

тоўсты / тонкі

snačala / v konce

першы / апошні

drug / vrag

сябар / вораг

polnyj / pustoj

поўны / пусты

tvërdyj / mâgkij

цвёрды / мяккі

tâžëlyj / legkij

важкі / лёгкі

golod / žažda

голад / смага

bol'noj / zdorovyj

хворы / здаровы

nezakonnyj / zakonnyj

нелегальны / легальны

umnyj / glupyj

разумны / дурны

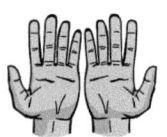

sleva / sprava

левы / правы

blizko / daleko

побач / далёка

novyj / poderžannyj

новы / былы ва ўжыванні

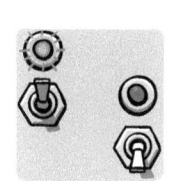

ničto / nečto

нічога / нешта

staryj / molodoj

стары / малады

vklûčeno / vyklûčeno

укл / выкл

otkryto / zakryto

адчынены / зачынены

tiho / gromko

ціхі / гучны

bogatyj / bednyj

багаты / бедны

pravil'nyj / nepravil'nyj

правільна / няправільна

šerohovatyj / gladkij

шурпаты / гладкі

pečal'nyj / sčastlivyj

сумны / шчаслівы

korotkij / dlinnyj

кароткі / доўгі

medlennyj / bystryj

павольны / хуткі

mokryj / suhoj

вільготны / сухі

tëplyj / prohladnyj

цёплы / халаднаваты

vojna / mir

вайна / мір

0

nol'

нуль

1

odin

адзін

2

dva

два

3

tri

тры

4

četyre

чатыры

5

pât'

пяць

6

šest'

шэсць

7

sem'

сем

8

vosem'

восем

9

devât'

дзевяць

10

desât'

дзесяць

11

odinnadcat'

адзінаццаць

12

dvenadcat'

дванаццаць

13

trinadcat'

трынаццаць

14

četyrnadcat'

чатырнаццаць

15

pâtnadcat'

пятнаццаць

16

šestnadcat'

шаснаццаць

17

semnadcat'

сямнаццаць

18

vosemnadcat'

васямнаццаць

19

devâtnadcat'

дзевятнаццаць

20

dvadcat'

дваццаць

100

sto

сто

1.000

tysâča

тысяча

1.000.000

million

мільён

anglijskij

англійская

amerikanskij anglijskij

англійская (Амерыка)

mandarinskij kitajskij

кітайская мандарынская

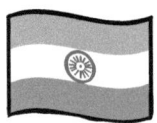

hindi

хіндзі

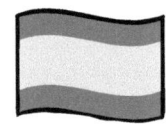

ispanskij

іспанская

francuzskij

французская

arabskij

арабская

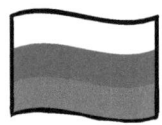

russkij

руская

portugal'skij

партугальская

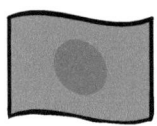

bengal'skij

бенгальская

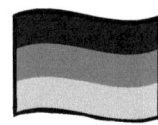

nemeckij

нямецкая

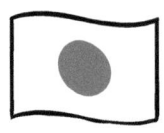

âponskij

японская

â

я

ty

ты

on / ona / ono

ён / яна / яно

my

мы

vy

вы

oni

яны

kto?

хто?

čto?

што?

kak?

як?

gde?

дзе?

kogda?

калі?

imâ

імя

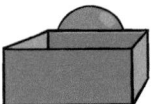

za
_____
за

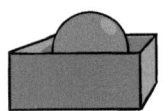

v
_____
у

pered
_____
перад

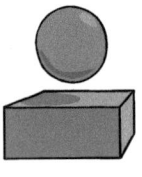

nad
_____
над

na
_____
на

pod
_____
пад

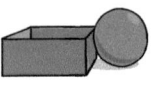

râdom
_____
каля

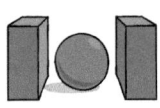

meždu
_____
паміж

mesto
_____
месца